Mụta Asụsụ Igbo

Copyright © 2020 Chinwe Ononuju. igboclassauntychi@gmail.com
All rights reserved. First paperback
edition printed 2020 in the United Kingdom A catalogue record for this book
is available from the British Library.
ISBN 978-1-913455-11-8
No part of this book shall be reproduced or transmitted in any form or by any
means, electronic or mechanical, including photocopying, recording, or by any
information retrieval system without written permission of the author or publisher.
Published by Scribblecity Publications.
Printed in Great Britain

Although every precaution has been taken in the preparation of this book, the publisher and author assume no responsibility for errors or omissions. Neither is any
liability assumed for
damages resulting from the use of this information contained herein.
Illustrated by Onuora Onianwa

CONTENTS

Nkọwa Onwe – *Introductions* 4

Mkpụrụedemede – *Letters* 5

Ọnụ Ọgụgụ - *Numbers* 9

Ekele Dị Iche - *Types Of Greetings* 11

Ahụ Mmadụ - *The Human Body* 13

Ntụzi Aka - *Directions* 15

Ndi Mejuru Ezinaụlọ - *The People That Make Up The Family* 17

Ụfọdụ Ihe Ndi A Na-Ahụ N'ime Ụlọ - *Some Things That Can Be Found In The House* 19

Aka Ọrụ Dị Iche Iche - *Various Professions* 21

Ụfọdị Ụmụ Anụmanụ Dị Iche Iche - *Kinds Of Animals* 23

Oge - *Time* 25

Mkpụrụosisi Dị Iche Iche - *Kinds Of Fruits* 27

Ọdịdị Uwa - *Nature* 29

NKỌWA ONWE - INTRODUCTIONS

Aha m bụ --
A bụ m onye Igbo
A na m asụ asụsụ Igbo
Asụsụ Igbo na-atọ ụtọ
Asụsụ Igbo amaka

LESSON 1 - AGBA NKE MBỤ
Alphabets - Mkpụrụedemede

A a	B b	CH ch	D d	E e	F f	G g	GB gb
GH gh	GW gw	H h	I i	Ị ị	J j		K k
KP kp	KW kw	L l	M m	N n	Ṅ ṅ		NW nw
NY ny	O o	Ọ ọ	P p	R r	S s		Sh sh
T t	U u	Ụ ụ	V v	W w	Y y		Z z

EXCERCISE 1

1. Fill in the missing Alphabets:

_ B _ D E _ _ _ GB GH _ H I Ị _ K _ _ L M N _ NW _ _ Ọ P R _ SH T _ _ V W _ _

2. Write down the first 12 alphabets without looking at the table.

1. _____   5. _____   9. _____
2. _____   6. _____   10. _____
3. _____   7. _____   11. _____
4. _____   8. _____   12. _____

MKPỤRỤEDEMEDE
Letters Of The Alphabets

KW Ikwe	L Kalama	M Mgbirimgba	N Ncha
Mortar	Bottle	Bell	Soap
Ñ Añara	NW Nwamba	NY Onyonyo	O Oche
Garden Egg	Pussy cat	TV	Chair
Ọ Ọdụm	P Puku Naira	R Ariri	S Ose
Lion	A Thousand Naira	Millipede	Pepper
SH Shuga	T Tatambeneke	U Ute	Ụ Ụsụ
Sugar	Dragonfly	Mat	Bat
V Vootu	W Uwe	Y Iyi	Z Azụ
Vote	Dress	River	Fish

EXCERCISE 1

Fill in the igbo words for the following pictures:

a. 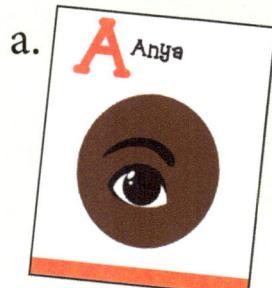 b.  c.  d.

_____ _____ _____ _____

e.  f.  g.  h.

_____ _____ _____ _____

Write the following in igbo:

i. Pepper _____

j. Fish _____

k. Soap _____

l. Sugar? _____

AGBA NKE ABỤọ - LESSON 2
Ọnụ Ọgụgụ - Numbers

1 Otu (One)
2 Abụọ (Two)
3 Atọ (Three)
4 Anọ (Four)
5 Ise (Five)
6 Isii (Six)
7 Asaa (Seven)
8 Asatọ (Eight)
9 Itoolu (Nine)
10 Iri (Ten)
11 Iri na Otu (Eleven)
12 Iri na Abụọ (Twelve)
13 Iri na Atọ (Thirteen)
14 Iri na Anọ (Fourteen)
15 Iri na ise (Fifteen)
16 Iri na Isii (Sixteen)
17 Iri na Asaa (Seventeen)
18 Iri na Asatọ (Eighteen)
19 Iri na Itoolu (Nineteen)
20 Iri Abụọ/Ọgụ (Twenty)

EXCERCISE 2

Write the following in Igbo:

AGBA NKE ATỌ - LESSON 3
Ekele Dị Iche Iche - Types of Greetings

Ị boọla chi - Good morning	Ndewo - Hello
Nnọọ - Welcome	Ka ọ dị - Goodbye
Ka chi bọọ - Good night	Kedu ka ị mere? - How are you?
Ije ọma - Safe trip	Ọ dị nma - I am fine

EXCERCISE 3

a. How do you greet some one in the morning?
_____

b. How do you respond when you are asked how you are doing? _____

Write the following in Igbo:

c. Good Morning _____
d. Welcome _____
e. I Am Fine _____
f. Goodbye _____
g. How Are You _____

AGBA NKE ANỌ - LESSON 4
Ahụ Mmadụ - The Human Body

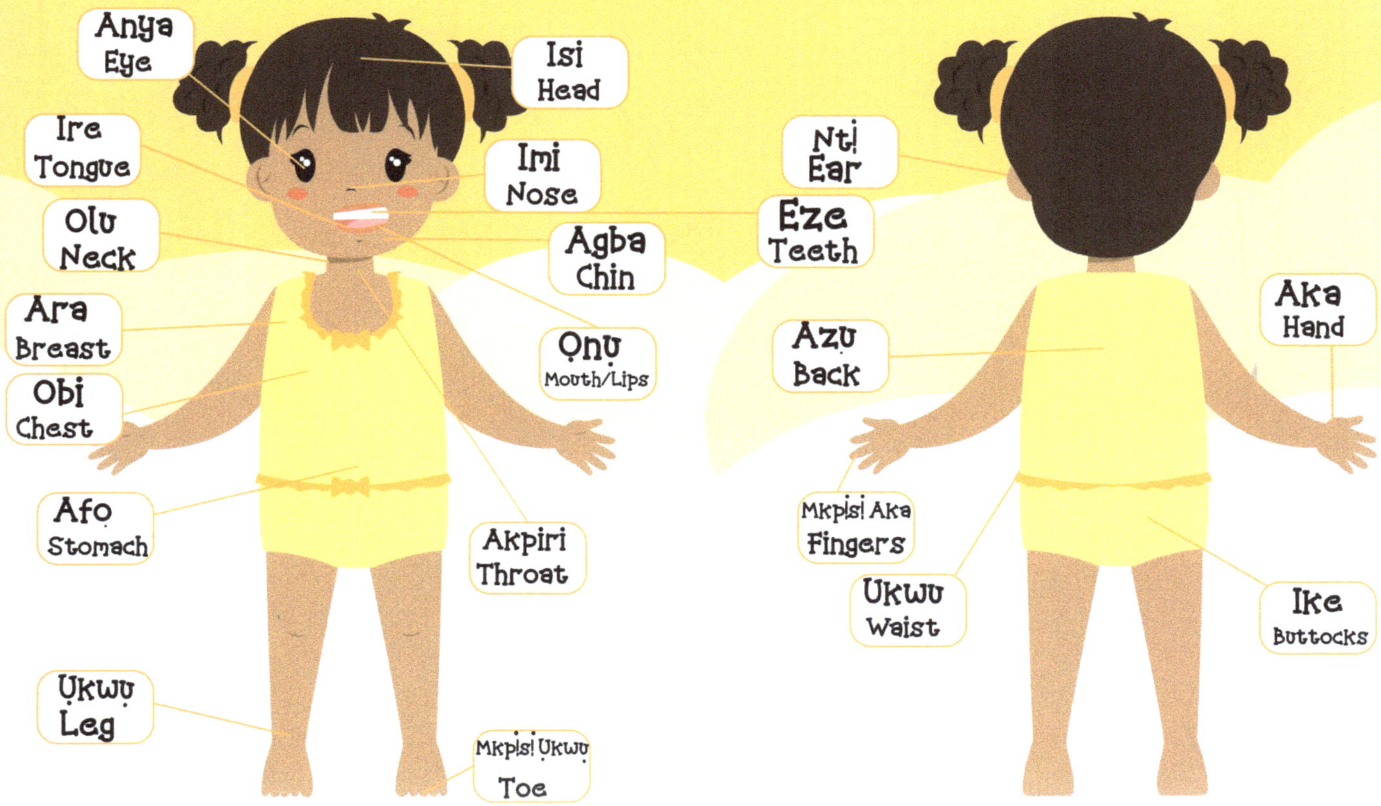

EXCERCISE 4

a. What is the human body called in Igbo?

Fill in the igbo words for the following pictures:

b.

Eye
Head
Tongue
Nose
Neck
Chin

c.

Ear
Toe

Write the following in Igbo:

d. Teeth _____

e. Hand _____

f. Back _____

g. Chin _____

AGBA NKE ISE - LESSON 5
Ntụzi Aka - Directions

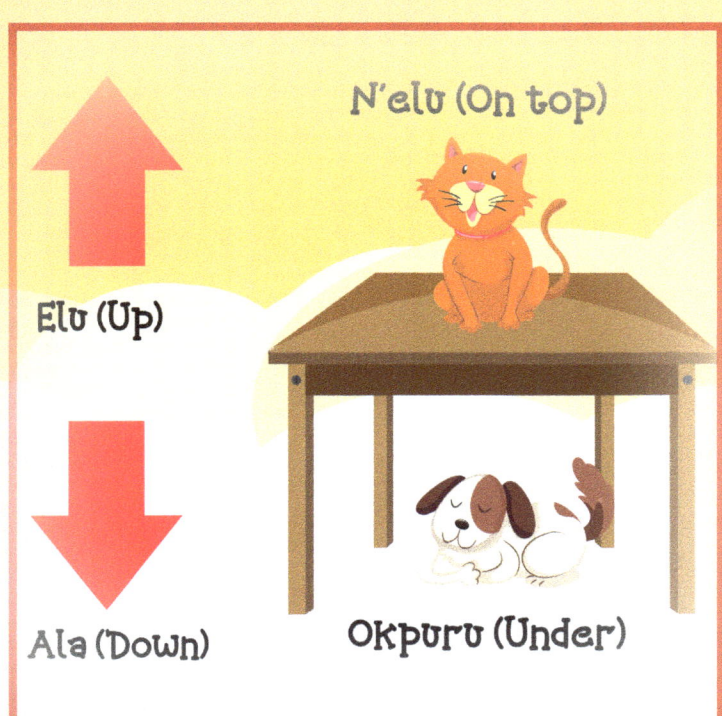

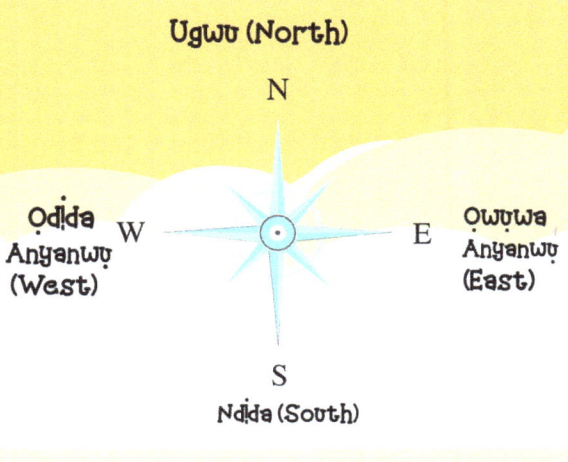

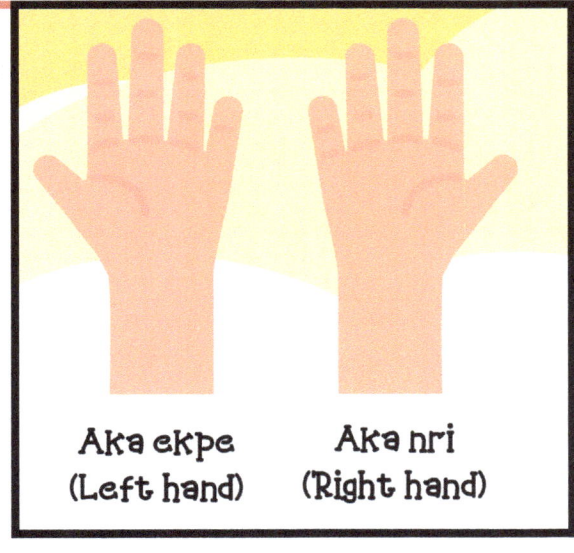

EXCERCISE 5

Fill in the igbo words for:

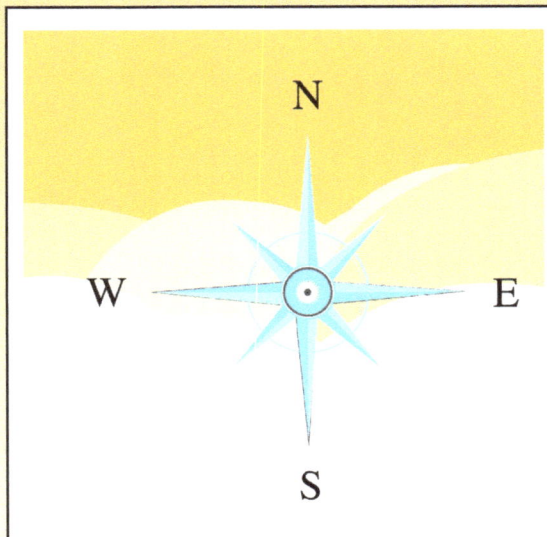

a. North _____
b. East   _____
c. West   _____
d. Front _____
e. Back   _____

f. UNDER _____

g. UP _____

AGBA NKE ISII - LESSON 6
Ndị Mejụrụ Ezinaụlọ
- The People That Make Up The Family

Nna - Father
Nne - Mother
Okpara - First Son
Ada - First Daughter

Nwa Nwoke - Son
Nwa Nwanyi - Daughter

Di - Husband
Nwunye - Wife
Ọgọ - In Law

Ụmụntakịrị - Children

Mpa Nnukwu - Grandfather
Mma Nnukwu - Grandmother
Nwa Nwa - Grandchild

Nwatakịrị / Nwanta - Child

EXCERCISE 6

Write the following in igbo:

a. Grand father _____

b. In-law _____

c. Grandchild _____

d. Children _____

e. Wife _____

f. What is the first son called? _____

g. What would you call an in-law? _____

AGBA NKE ASAA - LESSON 7
Ụfọdụ Ihe Ndị A Na-Ahụ N'Ime Ụlọ - Some Things That Can Be Found in the House

Oche - Chair

Tebulu - Table

Mgbupu / Windo - Window

Ọnụ Ụzọ - Door

Elekere - Clock

Iko - Cup

Efere - Plate

Ngaji - Spoon

Ite - Pot

Akwa - Bed

Aziza - Broom

Igbe - Box

EXCERCISE 7

Write the Igbo words for the following:

a. Clock _____

b. Pot _____

c. Door _____

d. Footwear _____

e. Television _____

AGBA NKE ASATO - LESSON 8
Aka Ọrụ Dị Iche Iche
- Various Professions

EXCERCISE 8

Write the following professions in igbo

a. Banker _____
b. Teacher _____
c. Sailor _____
d. Pilot _____
e. Nurse _____
f. Lawyer _____
g. Clergy _____
h. Chef _____
i. Driver _____
j. Police officer _____

AGBA NKE ITOOLU - LESSON 9
Ụfọdụ Ụmụ Anụmanụ Dị Iche Iche - Kinds of Animals

Oke	Ọkụkọ	Nkịta	Nkịta ọhịa
Rat	Cock/Hen	Dog	Fox

Nwamba	Enwe	Agụ	Ọdụm
Cat	Monkey	Leopard	Lion

Agwọ	Ewu	Atụrụ	Enyi
Snake	Goat	Sheep	Elephant

Agụiyi — Crocrodile

EXCERCISE 9

Write the following in igbo

a. Tiger _____   b. Snake _____
c. Dog _____   d. Fish _____
e. Sheep _____   f. Fox _____
g. Rat _____   h. Cow _____

AGBA NKE IRI - LESSON 10
Oge - Time

IGBO	BEKEE (ENGLISH)
Nkeji	Minute
Elekere	Hour
Ụbọchị	Day
Izu	Week
Ọnwa	Month
Afọ	Year
Ụtụtụ	Morning
Ehihie	Afternoon
Mgbede	Evening
Abalị	Night
Ugbu a	Now
Mbụ	Before/Earlier
Kwa Ụbọchị	Daily
Ụbọchị taa	Today
Ụnyaa	Yesterday

EXCERCISE 10

Write the following in igbo:

a. Week _____

b. Year _____

c. Yesterday _____

d. Month _____

e. Now _____

f. Hour _____

g. Night _____

i. Evening? _____

ii. Daily? _____

iii. Before? _____

AGBA NKE IRI NA OTU - LESSON 11
Mkpụrụosisi Dị Iche Iche - Kinds of Fruits

Oroma	Mkpụrụ nkwụ	Akị bekee	Ụdara
Orange	Palm Fruit	Coconut	Star fruit
Ube	Ube bekee	Añara	Unere
Pear	Avocado	Garden Egg	Banana
Ọkwụrụ bekee	Apụl	Pọpọ	Mkpụrụ vaịn
Pineapple	Apple	Pawpaw	Grapes
Grepụ			
Grapefruit			

EXCERCISE 11

Write the following fruits in igbo:

Garden Egg
_____

Avocado
_____

Pineapple
_____

Write the following in igbo:

a. Orange _____

b. Pawpaw _____

c. Coconut _____

d. Grapes _____

e. Pear _____

f. Banana _____

AGBA NKE IRI NA ABỤỌ - LESSON 12
Odịdị Uwa - Nature

EXCERCISE 12

Write the following in igbo:

a. Rainbow _____

b. Rain _____

c. Stars _____

d. Sun _____

www.ingramcontent.com/pod-product-compliance
Lightning Source LLC
Chambersburg PA
CBHW051251110526
44588CB00025B/2953